Die Berliner Mauer

The Berlin Wall

Le Mur de Berlin

Il Muro di Berlino

Wolfgang Petro

Die Berliner Mauer

Ihr wahres Gesicht

The Berlin Wall – Its True Face

Le Mur de Berlin – Son vrai visage

Il Muro di Berlino – Il suo vero volto

Jaron Verlag

Inhalt

Contents

Sommaire

Indice

Vorwort

Nach Ende des Zweiten Weltkrieges standen sich in Deutschland und insbesondere in Berlin zwei völlig unterschiedliche Systeme feindlich gegenüber: eine Diktatur, als »friedliebender Sozialismus« bezeichnet, in Ost-Berlin und der DDR, eine freiheitliche Demokratie in der Bundesrepublik und West-Berlin.

Im damaligen sowjetischen Sektor führte die Abstimmung der Menschen mit den Füßen – mehr als drei Millionen Bewohner waren dem »sozialistischen Vaterland« bereits davongelaufen – vor rund fünfzig Jahren zum Bau einer unüberwindlichen, bis dahin weltweit einmaligen Grenze durch Deutschland und mitten durch Berlin.

Heute ist von der Berliner Mauer fast nichts mehr erhalten. Deutsche Gründlichkeit schuf dieses »Jahrhundertbauwerk« und ließ es 1989 fast vollständig wieder verschwinden. Die Mauer, die 1961 aus Angst vor Machtverlust entstand, wurde zum Symbol und frühen Beweis der Niederlage eines Systems, das wirtschaftlich wie menschlich versagt hatte. Ein ganzes Volk wurde in Haft genommen und sollte mit Hilfe von Mauern, Stacheldraht, Minenfeldern und Selbstschussanlagen gezähmt werden.

Der vorliegende Bildband zeigt die grausamen, oftmals absurden Ausmaße einer systematischen Absicherungsstrategie, den Ausbau der Berliner Mauer und die Details der Grenztechnik. Er zeigt aber auch die Bewacher, die ihren zweifelhaften Dienst versahen, und den grauen, apokalyptischen Alltag der Menschen im Schatten der Mauer.

Ich habe von 1981 bis in die 1990er Jahre hinein ungewöhnliche Perspektiven fotografisch festgehalten – für die Nachgeborenen ebenso wie für die, die diese Grenze erlebt und überwunden haben. Die Fotos entstanden fast ausschließlich von West-Berlin aus und gelangen mir meist nur dank aufwendiger Teleobjektive, oft nach stundenlangem Warten und stets unter misstrauischer Beobachtung durch die Bewacher.

Nur das Wissen um die eigene Geschichte bewahrt vor Wiederholungen.

Foreword

After World War II two completely different political systems existed in a state of confrontation in Germany, and particularly in Berlin: The one in East Berlin and East Germany was a dictatorship characterized as “peace-loving Socialism”; the other in the Federal Republic of Germany and West Berlin was a liberal democracy.

Some fifty years ago in the Soviet sector that existed then, people “voted with their feet” – more than three million residents ran away from the “Socialist Fatherland.” This led the regime to establish an insurmountable border through Germany and down the middle of Berlin that was the only one of its kind in the world at that time.

Today little remains of the Berlin Wall. The German thoroughness that created this “work of the century” was also responsible for its almost complete disappearance in 1989. The Wall, built in 1961 by a regime fearing its loss of power, became a symbol and early example of the defeat of a political system that had failed both on an economic and personal level. An entire population was held captive and was supposed to be disciplined with the help of walls, barbed wire, mine fields and spring guns.

This book shows the cruel and often absurd dimensions of a systematic security strategy, the ongoing expansion of the Berlin Wall, and the details of the mechanics of the border. But it also shows the border guards who served their questionable duty, and the gray, apocalyptic daily life of the people living in the shadow of the Wall.

I captured unusual perspectives on film from 1981 until well into the 1990s – for later generations, but also for those who experienced the border and its fall. Almost all of the photos were taken from the West Berlin side and were often successful because of a complicated telephoto lens and many hours of patient waiting under the suspicious gaze of the guards.

Only knowledge of one’s own history can prevent its repetition.

Avant-propos

Après la deuxième guerre mondiale, deux systèmes ennemis, fondamentalement différents, se faisaient face en Allemagne et surtout à Berlin: une dictature, celle du «socialisme paisible», à Berlin-Est et en RDA, et une démocratie libérale en Allemagne fédérale et à Berlin-Ouest.

Dans le secteur soviétique, le vote avec les pieds – plus de trois millions de personnes avaient déjà quitté la «patrie socialiste» – conduisit il y a cinquante ans environ à la construction d'une frontière infranchissable, unique au monde à l'époque, traversant l'Allemagne et coupant Berlin.

Il ne reste presque plus rien du Mur de Berlin aujourd'hui. La minutie allemande érigea cet «ouvrage du siècle» et le fit presque complètement disparaître en 1989. Le Mur, construit en 1961 par peur de perdre le pouvoir, devint un symbole et très vite la preuve de l'échec d'un système défaillant économiquement autant que humainement. Tout un peuple fut incarcéré, que des murs, des barbelés, des champs de mine et des zones de tir automatique devaient assagir.

Cet ouvrage raconte en photos la cruauté et souvent l'absurdité de cette stratégie de protection systématique, il montre la consolidation du Mur et les détails techniques de la frontière. On y découvre aussi les sentinelles dans l'accomplissement de leur douteux service et le quotidien gris et apocalyptique des gens vivants dans l'ombre du Mur.

De 1981 aux années 90, j'ai fixé par l'image des perspectives inhabituelles – autant pour ceux qui ne connurent pas le Mur que pour ceux qui connurent et triomphèrent de cette frontière. Presque toutes les photos furent prises à Berlin-Ouest et ne furent possibles que grâce à l'utilisation de téléobjectifs perfectionnés, après des heures d'attente sous l'oeil méfiant des sentinelles.

Seule la connaissance de sa propre histoire préserve des répétitions.

Prefazione

Dopo la fine della seconda guerra mondiale, in Germania ed in particolare a Berlino, due sistemi di governo completamente differenti si trovarono a confrontarsi con ostilità: una dittatura indicata quale «Socialismo pacifico» a Berlino Est e nella RDT e una libera Democrazia nella Repubblica Federale ed a Berlino Ovest.

Nel settore Sovietico di allora le elezioni avvenute «con i piedi» (più di tre milioni di abitanti erano già fuggiti dalla «Patria Socialista»), portò un cinquantennio or sono alla costruzione di un confine insormontabile – fino a quel momento unico nel mondo – attraverso la Germania e la città di Berlino.

Oggi del Muro di Berlino non è conservato quasi più nulla. La precisione tedesca creò quest' «opera del secolo», così come, nel 1989, la lasciò scomparire quasi completamente. Il Muro che nel 1961 sorse per la paura della perdita del potere, divenne simbolo e prima testimonianza della sconfitta di un sistema che sia dal punto di vista economico che da quello umano era fallito. Un intero popolo venne messo agli arresti per essere ammansito attraverso mura, fili spinati, campi minati e impianti di sparo automatici.

Il presente volume illustrato riporta l'atrocità di una sistematica strategia tutelatrice della sicurezza, che spesso ha assunto proporzioni abnorni, lo sviluppo del Muro berlinese ed i particolari delle tecniche di conservazione del confine. Ma mostra anche le guardie durante il loro dubbio servizio e la grigia, apocalittica quotidianità delle persone all'ombra del Muro.

Dal 1981 fino agli anni '90 ho immortalato prospettive fotografiche insolite quali testimonianza per le generazioni successive al Muro, come per coloro che hanno vissuto e superato quei confini. Le foto sono state scattate quasi esclusivamente dalla parte di Berlino Ovest, per lo più grazie all'uso di complessi teleobiettivi, spesso dopo ore di attesa e sotto la continua osservazione sospettosa.

Solo la conoscenza della propria storia ci preserva dalle ripetizioni.

Die Grenzanlagen
The Border Fortifications
Le dispositif de la frontière
Impianti di confine

Blick vom Potsdamer Platz in die Stresemannstraße, 1983
View of Stresemannstrasse from Potsdamer Platz, 1983
Vue de la Potsdamer Platz vers la Stresemannstraße, 1983
Veduta sulla Stresemannstraße dalla Potsdamer Platz, 1983

Blick vom Checkpoint Charlie zum Grenzübergang Friedrichstraße, 1986
View of the Friedrichstrasse checkpoint from Checkpoint Charlie, 1986
Vue de Checkpoint Charlie sur le poste-frontière Friedrichstraße, 1986
Veduta sul valico della Friedrichstraße dal Checkpoint Charlie, 1986

Grenzanlagen in der Zimmerstraße mit Kreuzung Friedrichstraße, 1983

Zimmerstrasse border grounds and Friedrichstrasse intersection, 1983

Dispositif de la frontière Zimmerstraße / Friedrichstraße, 1983

Impianto di confine all'incrocio tra Zimmerstraße e Friedrichstraße, 1983

Platz vor dem Brandenburger Tor, heute Platz des 18. März, 1986
Plaza in front of the Brandenburg Gate, today's Platz des 18. März, 1986
Place devant la Porte de Brandebourg, aujourd'hui Place du 18 mars, 1986
Piazza della Porta di Brandeburgo, oggi Piazza del 18 Marzo, 1986

Demonstration für die Ausreise von Ost-Berliner Familienangehörigen
Protest demanding that relatives in East Berlin be allowed to leave
Action pour le départ de Berlin-Est des membres des familles séparées
Manifestazione per il visto d’uscita per i familiari a Berlino Est

Unterbrochene S-Bahn-Strecke Frohnau–Oranienburg, November 1989
Interrupted commuter line Frohnau–Oranienburg, November 1989
Ligne de S-Bahn interrompue Frohnau–Oranienburg, novembre 1989
Tratto interrotto Frohnau–Oranienburg della S-Bahn, novembre 1989

Ehemalige Kreuzung Finkenkruger Weg / Seegefelder Weg, Mai 1985
Former intersection Finkenkruger Weg / Seegefelder Weg, May 1985
Ancien carrefour Finkenkruger Weg / Seegefelder Weg, mai 1985
L'ex incrocio tra Finkenkruger Weg e Seegefelder Weg, maggio 1985

Gekappte Hochspannungsleitung im Grenzgebiet Eiskeller, Mai 1987
Cut power line in the Eiskeller border territory, May 1987
Ligne à haute tension coupée à la frontière Eiskeller, mai 1987
Cavi alta tensione mozzati, zona di confine Eiskeller, maggio 1987

Boje als Grenzmarkierung auf dem Griebnitzsee, Juni 1983
Buoy border marker on the Griebnitzsee lake, June 1983
Balise de frontière dans le Griebnitzsee, juin 1983
Boe di demarcazione sul lago Griebnitz, giugno 1983

U-Bahn-Gleise Richtung Warschauer Brücke, August 1990
Subway tracks approaching Warschauer Bridge, August 1990
Rails du métro en direction du Warschauer Brücke, août 1990
Binari della U-Bahn in direzione del Ponte Warschauer, agosto 1990

Spurenteppich auf der Oberbaumbrücke, August 1990
Raked sand strip on the Oberbaum Bridge, August 1990
Tapis révélateur de traces sur l'Oberbaumbrücke, août 1990
Tappeto di impronte sul Ponte Oberbaum, agosto 1990

Gedenkkreuz für Maueropfer Bernd Lünser, Bernauer Straße, 1982

Memorial cross for Wall victim Bernd Lünser, Bernauer Strasse, 1982

Croix à la mémoire de Bernd Lünser, victime du Mur, Bernauer Straße, 1982

Croce in memoria di Bernd Lünser, vittima del Muro, Bernauer Straße, 1982

Bahnstrecke von Berlin nach Westdeutschland, Staaken, April 1982
Railway line from Berlin to West Germany, Staaken, April 1982
Voies ferrées entre Berlin-Ouest et la RFA, Staaken, avril 1982
Tratto ferroviario Berlino-Germania Ovest, Staaken, aprile 1982

Aufbau der Mauer der letzten Ausbaustufe, Kopenhagener Straße, Mai 1985
Building the Wall of the last expansion stage, Kopenhagener Strasse, May 1985
Construction du Mur de la dernière modification, Kopenhagener Straße, mai 1985
Il muro dell' ultimo ampliamento, Kopenhagener Straße, maggio 1985

Grenzübergang Prinzenstraße / Heinrich-Heine-Straße, April 1986
Prinzenstrasse / Heinrich-Heine-Strasse border crossing, April 1986
Poste-frontière Prinzenstraße / Heinrich-Heine-Straße, avril 1986
Valico tra la Prinzenstraße e la Heinrich-Heine-Straße, aprile 1986

Friedrichstraße mit Checkpoint Charlie, Januar 1986
Friedrichstrasse with Checkpoint Charlie, January 1986
Friedrichstraße et Checkpoint Charlie, janvier 1986
La Friedrichstraße con il Checkpoint Charlie, gennaio 1986

Bernauer Straße, Ecke Bergstraße, Januar 1986
Bernauer Strasse at the corner of Bergstrasse, January 1986
Bernauer Straße à l'angle de la Bergstraße, janvier 1986
Bernauer Straße angolo Bergstraße, gennaio 1986

Wachturm, An der Stammbahn, Düppel-Kleinmachnow, April 1982
Watchtower, An der Stammbahn, Düppel-Kleinmachnow, April 1982
Mirador, An der Stammbahn, Düppel-Kleinmachnow, avril 1982
Torre di guardia, An der Stammbahn, Düppel-Kleinmachnow, aprile 1982

Grenztrasse, An der Stammbahn, Düppel-Kleinmachnow, Juni 1982
Border strip, An der Stammbahn, Düppel-Kleinmachnow, June 1982
Chemin de ronde, An der Stammbahn, Düppel-Kleinmachnow, juin 1982
Strada di confine, An der Stammbahn, Düppel-Kleinmachnow, giugno 1982

Mauerschichten, Märkisches Viertel / Wilhelmsruh, Februar 1990
Layers of Wall, Märkisches Viertel / Wilhelmsruh, February 1990
Strates de mur, Märkisches Viertel / Wilhelmsruh, février 1990
Strati del Muro, Märkisches Viertel / Wilhelmsruh, febbraio 1990

Mauer der 1. und 2. Generation, Boyenstraße, Mai 1985
1st and 2nd generation Wall, Boyenstrasse, May 1985
Mur de la 1ère et de la 2ème génération, Boyenstraße, mai 1985
Muro della I e II generazione, Boyenstraße, maggio 1985

Grenzpatrouille auf der Spree, Höhe Holzmarktstraße, April 1982
Border patrol on the Spree, near Holzmarktstrasse, April 1982
Gardes-frontière sur la Sprée, niveau Holzmarktstraße, avril 1982
Pattuglia di confine sulla Sprea, altezza Holzmarktstraße, aprile 1982

Überwachungskamera am Pariser Platz, Dezember 1981
Surveillance camera on Pariser Platz, December 1981
Caméra de surveillance, Pariser Platz, décembre 1981
Telecamera di sorveglianza nella Pariser Platz, dicembre 1981

Überwachungskamera am Grenzübergang Chausseestraße
Surveillance camera on the Chausseestrasse border crossing
Caméra de surveillance au poste-frontière Chausseestraße
Telecamera di sorveglianza presso il valico della Chausseestraße

Betonbunker, Prinzenstraße / Heinrich-Heine-Straße, Juli 1984
Concrete bunker, Prinzenstrasse / Heinrich-Heine-Strasse, July 1984
Bunker en béton, Prinzenstraße / Heinrich-Heine-Straße, juillet 1984
Bunker di cemento, Prinzenstraße / Heinrich-Heine-Straße, luglio 1984

Entlaubter Todesstreifen, Frohnau, April 1982
Raked death strip, Frohnau, April 1982
Zone de la mort déboisée, Frohnau, avril 1982
Zona della morte sfrondata, Frohnau, aprile 1982

Hochspannungsmast mit Gleithindernissen, Eiskeller, August 1990

Utility pole with current blockers, Eiskeller, August 1990

Pylône muni d'obstacles anti-glisse, Eiskeller, août 1990

Traliccio alta tensione con ostacoli antifuga, Eiskeller, agosto 1990

Technische Anlage am Grenzübergang Buckower Damm, 1990
Technical facility on the Buckower Damm border crossing, 1990
Installation technique au poste-frontière Buckower Damm, 1990
Impianto tecnico presso il valico Buckower Damm, 1990

Schalter für die automatischen Straßensperrkeile
Switch for automatic road barriers
Interrupteur de commande des herses automatiques
Interruttore per azionare i cunei di sbarramento stradale

Auswechseln von Leuchtraketen am Signaldrahtzaun, Mai 1984
Replacing flares on the signal wire fence, May 1984
Remplacement des fusées lumineuses sur la clôture à alarme, mai 1984
Sostituzione dei segnali luminosi sulla rete spinata, maggio 1984

Reste einer Hundelaufanlage, Steinstücken, Februar 1990
Remains of a dog run, Steinstücken, February 1990
Restes d'une zone gardée par les chiens, Steinstücken, février 1990
Resti di zona sorvegliata dai cani, Steinstücken, febbraio 1990

Fabrikfenster zum Todesstreifen, Treptow, Juli 1990
Factory window to the death strip, Treptow, July 1990
Fenêtres d'usine donnant sur la zone-frontière, Treptow, juillet 1990
Fabbrica di finestre sulla zona della morte, Treptow, luglio 1990

Blick von der Bösebrücke zur Norweger Straße, November 1989
View of Norweger Strasse from the Böse Bridge, November 1989
Vue du pont de Bösebrücke sur la Norweger Straße, novembre 1989
Veduta dal Bösebrücke sulla Norweger Straße, novembre 1989

Der Alltag der Bewacher
The Daily Routine of the Guards
Le quotidien des sentinelles
Quotidianità delle guardie

Wachablösung in der Harzer Straße, Oktober 1982
Changing of the guards on Harzer Strasse, October 1982
Relève de la garde, Harzer Straße, octobre 1982
Cambio di guardia nella Harzer Straße, ottobre 1982

Pause vom Grenzdienst, Am Waldrand, Neubabelsberg, Juni 1982
Break from border duty, Am Waldrand, Neubabelsberg, June 1982
Pause pendant le service, Am Waldrand, Neubabelsberg, juin 1982
Pausa delle guardie, Am Waldrand, Neubabelsberg, giugno 1982

Grenzposten beim Zeitvertreib, Am Waldrand, Neubabelsberg, Juni 1982
Border guard passing the time, Am Waldrand, Neubabelsberg, June 1982
Gardes-frontière tuant le temps, Am Waldrand, Neubabelsberg, juin 1982
Passatempo delle guardie, Am Waldrand, Neubabelsberg, giugno 1982

Grenzstreife an der Bernauer Straße, Mai 1984
Border guards at Bernauer Strasse, May 1984
Gardes-frontière dans la Bernauer Straße, mai 1984
Pattuglia di confine nella Bernauer Straße, maggio 1984

Wachturm am Bahn-Grenzübergang Staaken, April 1982
Watchtower at the railway border crossing in Staaken, April 1982
Mirador au poste-frontière ferrovière de Staaken, avril 1982
Torre di vedetta della stazione di confine, Staaken, aprile 1982

Grenzübergang Prinzenstraße / Heinrich-Heine-Straße, Juni 1983
Prinzenstrasse / Heinrich-Heine-Strasse border crossing, June 1983
Poste-frontière Prinzenstraße / Heinrich-Heine-Straße, juin 1983
Valico nella Prinzenstraße / Heinrich-Heine-Straße, giugno 1983

Baupioniere hinter provisorischem Zaun, Lichterfelde, Mai 1987
Building pioneers behind a temporary fence, Lichterfelde, May 1987
Jeunes maçons derrière une clôture provisoire, Lichterfelde, mai 1987
Pionieri edili dietro rete provvisoria, Lichterfelde, maggio 1987

Grenzverlauf (weiß-roter Pfosten) durch eine Gartenanlage
Boundary (white-red poles) through a garden complex
Passage de la frontière (jalons blanc et rouge) à travers les jardins
Tracciato del confine attraverso un giardino (paletti bianco-rossi)

Überwachung der Baumaßnahmen, Lichterfelde, Mai 1987
Monitoring the construction, Lichterfelde, May 1987
Surveillance des travaux, Lichterfelde, mai 1987
Sorveglianza sui provvedimenti di costruzione, maggio 1987

48 Auszug aus den Dienstvorschriften zum Einsatz der Grenztruppen (S. 48) und dem Handbuch für den Grenzdienst (S. 49)

Excerpt from the regulations manual on border troop deployment (p. 48) and from the border duty handbook (p. 49)

Extrait du règlement relatif à l'intervention des unités de garde-frontière (p. 48) et manuel du garde-frontière (p. 49)

Stralcio dal regolamento di servizio ad uso delle truppe di frontiera (pag. 48) e dal manuale per le guardie (pag. 49)

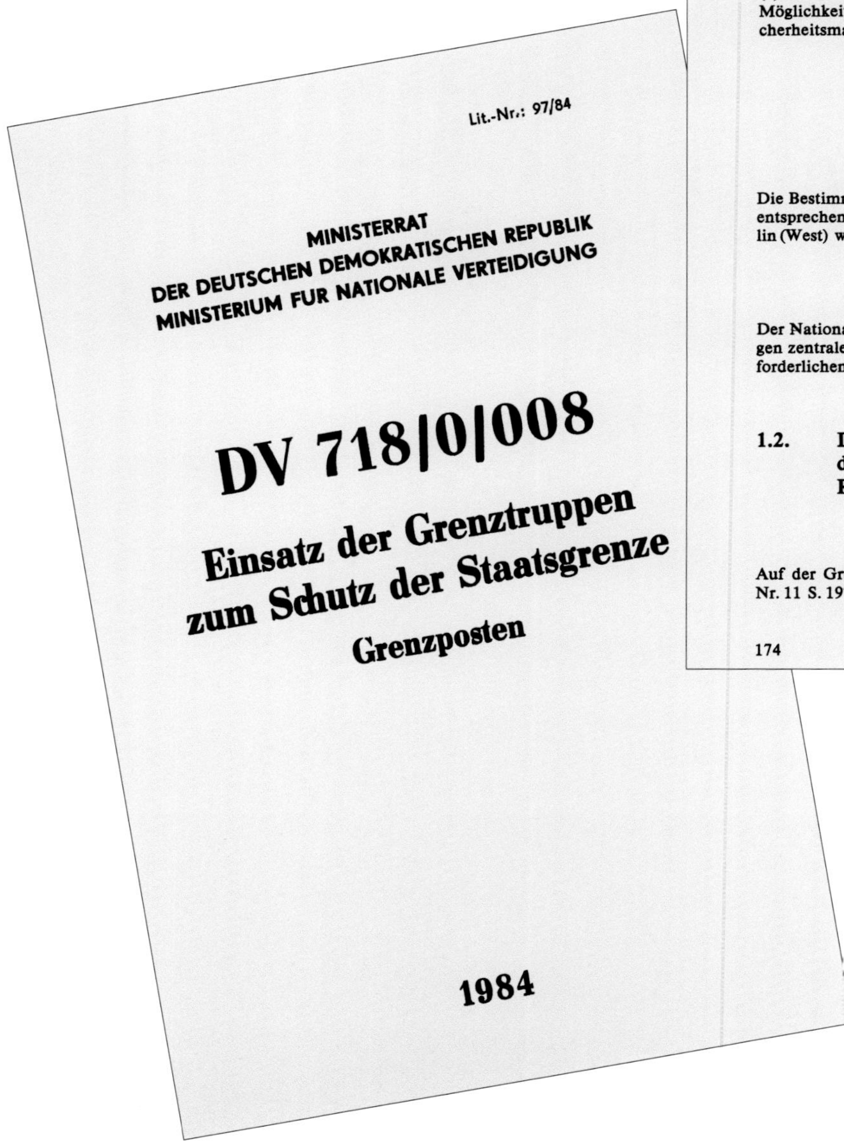

Lit.-Nr.: 97/84

MINISTERRAT
DER DEUTSCHEN DEMOKRATISCHEN REPUBLIK
MINISTERIUM FUR NATIONALE VERTEIDIGUNG

DV 718/0/008

Einsatz der Grenztruppen
zum Schutz der Staatsgrenze

Grenzposten

1984

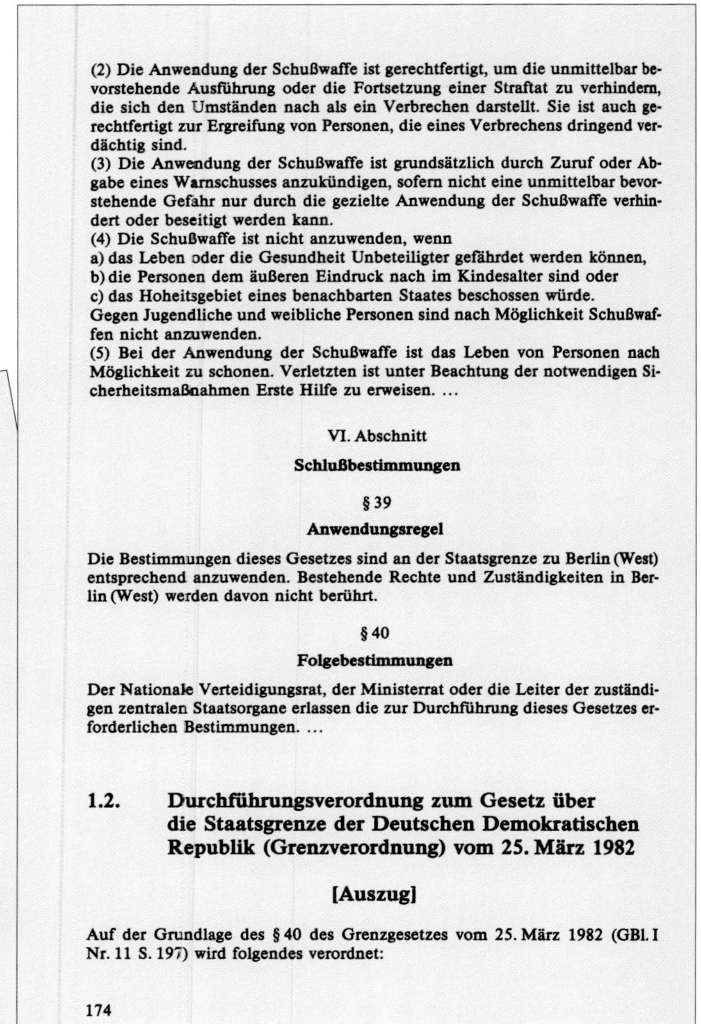

(2) Die Anwendung der Schußwaffe ist gerechtfertigt, um die unmittelbar bevorstehende Ausführung oder die Fortsetzung einer Straftat zu verhindern, die sich den Umständen nach als ein Verbrechen darstellt. Sie ist auch gerechtfertigt zur Ergreifung von Personen, die eines Verbrechens dringend verdächtig sind.
(3) Die Anwendung der Schußwaffe ist grundsätzlich durch Zuruf oder Abgabe eines Warnschusses anzukündigen, sofern nicht eine unmittelbar bevorstehende Gefahr nur durch die gezielte Anwendung der Schußwaffe verhindert oder beseitigt werden kann.
(4) Die Schußwaffe ist nicht anzuwenden, wenn
a) das Leben oder die Gesundheit Unbeteiligter gefährdet werden können,
b) die Personen dem äußeren Eindruck nach im Kindesalter sind oder
c) das Hoheitsgebiet eines benachbarten Staates beschossen würde.
Gegen Jugendliche und weibliche Personen sind nach Möglichkeit Schußwaffen nicht anzuwenden.
(5) Bei der Anwendung der Schußwaffe ist das Leben von Personen nach Möglichkeit zu schonen. Verletzten ist unter Beachtung der notwendigen Sicherheitsmaßnahmen Erste Hilfe zu erweisen. ...

VI. Abschnitt

Schlußbestimmungen

§ 39

Anwendungsregel

Die Bestimmungen dieses Gesetzes sind an der Staatsgrenze zu Berlin (West) entsprechend anzuwenden. Bestehende Rechte und Zuständigkeiten in Berlin (West) werden davon nicht berührt.

§ 40

Folgebestimmungen

Der Nationale Verteidigungsrat, der Ministerrat oder die Leiter der zuständigen zentralen Staatsorgane erlassen die zur Durchführung dieses Gesetzes erforderlichen Bestimmungen. ...

1.2. Durchführungsverordnung zum Gesetz über die Staatsgrenze der Deutschen Demokratischen Republik (Grenzverordnung) vom 25. März 1982

[Auszug]

Auf der Grundlage des § 40 des Grenzgesetzes vom 25. März 1982 (GBl. I Nr. 11 S. 197) wird folgendes verordnet:

174

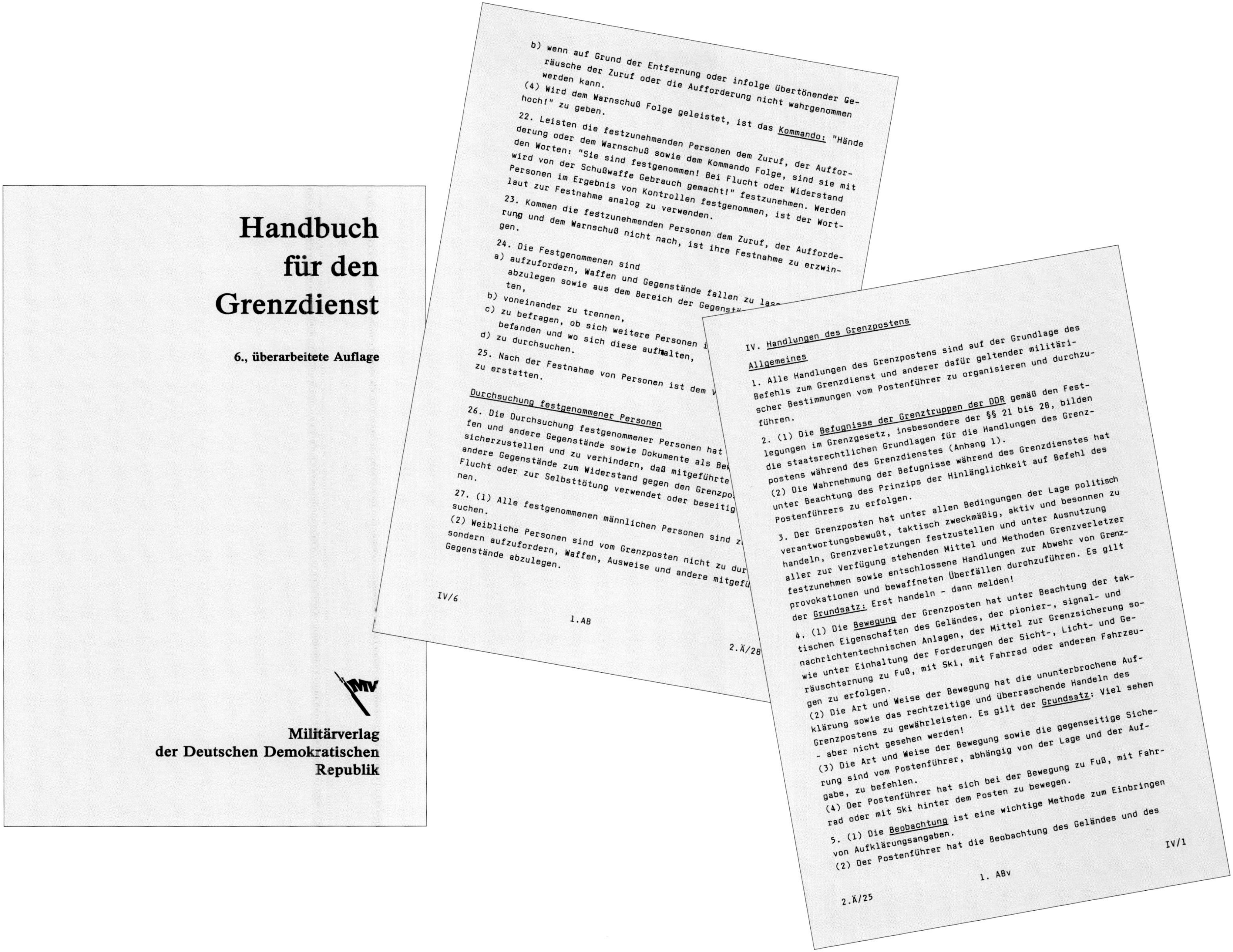

Handbuch für den Grenzdienst

6., überarbeitete Auflage

Militärverlag der Deutschen Demokratischen Republik

---

b) wenn auf Grund der Entfernung oder infolge übertönender Geräusche der Zuruf oder die Aufforderung nicht wahrgenommen werden kann.

(4) Wird dem Warnschuß Folge geleistet, ist das <u>Kommando:</u> "Hände hoch!" zu geben.

22. Leisten die festzunehmenden Personen dem Zuruf, der Aufforderung oder dem Warnschuß sowie dem Kommando Folge, sind sie mit den Worten: "Sie sind festgenommen! Bei Flucht oder Widerstand wird von der Schußwaffe Gebrauch gemacht!" festzunehmen. Werden Personen im Ergebnis von Kontrollen festgenommen, ist der Wortlaut zur Festnahme analog zu verwenden.

23. Kommen die festzunehmenden Personen dem Zuruf, der Aufforderung und dem Warnschuß nicht nach, ist ihre Festnahme zu erzwingen.

24. Die Festgenommenen sind
a) aufzufordern, Waffen und Gegenstände fallen zu las[...] abzulegen sowie aus dem Bereich der Gegenst[...] ten,
b) voneinander zu trennen,
c) zu befragen, ob sich weitere Personen i[...] befanden und wo sich diese aufhalten,
d) zu durchsuchen.

25. Nach der Festnahme von Personen ist dem V[...] zu erstatten.

<u>Durchsuchung festgenommener Personen</u>

26. Die Durchsuchung festgenommener Personen hat [...] fen und andere Gegenstände sowie Dokumente als Bew[...] sicherzustellen und zu verhindern, daß mitgeführte [...] andere Gegenstände zum Widerstand gegen den Grenzpo[...] Flucht oder zur Selbsttötung verwendet oder beseitig[...] nen.

27. (1) Alle festgenommenen männlichen Personen sind z[...] suchen.

(2) Weibliche Personen sind vom Grenzposten nicht zu dur[...] sondern aufzufordern, Waffen, Ausweise und andere mitgefü[...] Gegenstände abzulegen.

IV/6

1.AB

2.Ä/28

IV. <u>Handlungen des Grenzpostens</u>

<u>Allgemeines</u>

1. Alle Handlungen des Grenzpostens sind auf der Grundlage des Befehls zum Grenzdienst und anderer dafür geltender militärischer Bestimmungen vom Postenführer zu organisieren und durchzuführen.

2. (1) Die <u>Befugnisse der Grenztruppen der DDR</u> gemäß den Festlegungen im Grenzgesetz, insbesondere der §§ 21 bis 28, bilden die staatsrechtlichen Grundlagen für die Handlungen des Grenzpostens während des Grenzdienstes (Anhang 1).

(2) Die Wahrnehmung der Befugnisse während des Grenzdienstes hat unter Beachtung des Prinzips der Hinlänglichkeit auf Befehl des Postenführers zu erfolgen.

3. Der Grenzposten hat unter allen Bedingungen der Lage politisch verantwortungsbewußt, taktisch zweckmäßig, aktiv und besonnen zu handeln, Grenzverletzungen festzustellen und unter Ausnutzung aller zur Verfügung stehenden Mittel und Methoden Grenzverletzer festzunehmen sowie entschlossene Handlungen zur Abwehr von Grenzprovokationen und bewaffneten Überfällen durchzuführen. Es gilt der <u>Grundsatz:</u> Erst handeln - dann melden!

4. (1) Die <u>Bewegung</u> der Grenzposten hat unter Beachtung der taktischen Eigenschaften des Geländes, der pionier-, signal- und nachrichtentechnischen Anlagen, der Mittel zur Grenzsicherung sowie unter Einhaltung der Forderungen der Sicht-, Licht- und Geräuschtarnung zu Fuß, mit Ski, mit Fahrrad oder anderen Fahrzeugen zu erfolgen.

(2) Die Art und Weise der Bewegung hat die ununterbrochene Aufklärung sowie das rechtzeitige und überraschende Handeln des Grenzpostens zu gewährleisten. Es gilt der <u>Grundsatz</u>: Viel sehen - aber nicht gesehen werden!

(3) Die Art und Weise der Bewegung sowie die gegenseitige Sicherung sind vom Postenführer, abhängig von der Lage und der Aufgabe, zu befehlen.

(4) Der Postenführer hat sich bei der Bewegung zu Fuß, mit Fahrrad oder mit Ski hinter dem Posten zu bewegen.

5. (1) Die <u>Beobachtung</u> ist eine wichtige Methode zum Einbringen von Aufklärungsangaben.

(2) Der Postenführer hat die Beobachtung des Geländes und des

IV/1

1. ABv

2.Ä/25

Grenzstreife im Trabant-Cabriolet, Bernauer Straße, Juni 1983
Border guards in a trabant convertible, Bernauer Strasse, June 1983
Gardes-frontière en Trabant décapotable, Bernauer Straße, juin 1983
Pattuglia di confine in una Trabant-Cabriolet, Bernauer Straße, giugno 1983

Grenzposten an der Karl-Marx-Straße, Glienicke-Nordbahn, 1985
Border guards on Karl-Marx-Strasse, Glienicke-Nordbahn, 1985
Gardes-frontière dans la Karl-Marx-Straße, Glienicke-Nordbahn, 1985
Postazione di confine Karl-Marx-Straße, Glienicke-Nordbahn, 1985

Sozialistische Dürftigkeit
Socialist meagerness
Misère socialiste
Scarsezza socialista

Innenräume einer Grenzanlage, Heinrich-Heine-Straße, 1990
Interior border facilities, Heinrich-Heine-Strasse, 1990
Intérieur d'un poste-frontière, Heinrich-Heine-Straße, 1990
Interno di un impianto di confine, Heinrich-Heine-Straße, 1990

Schlüsselkasten für den Grenzübergang Heinrich-Heine-Straße, 1990

Key box for the Heinrich-Heine-Strasse border crossing, 1990

Boitier à clés du poste-frontière Heinrich-Heine-Straße, 1990

Armadietto delle chiavi del valico Heinrich-Heine-Straße, 1990

Motorradstreife am Friedhof der St.-Hedwigs-Gemeinde, Liesenstraße, 1982
Motorcycle patrol on St.-Hedwig Parish cemetery, Liesenstrasse, 1982
Patrouille à moto près du cimetière Ste Edwige, Liesenstraße, 1982
Guardie motorizzate al cimitero della chiesa S. Hedwig, Liesenstraße, 1982

Ehemaliges Kontrollgebäude am Grenzübergang Chausseestraße, 1990
Former guard house on the Chausseestrasse border crossing, 1990
Ancien poste de contrôle du poste-frontière Chausseestraße, 1990
Ex fabbricato di controllo al valico della Chausseestraße, 1990

Mitschrift eines Wehrpflichtigen zur Schießausbildung aus dem Jahre 1979

A conscript's notes on shooting practice from 1979

Notes concernant la formation au tir prises par un appelé en 1979

Appunti di un soldato di leva sull'addestramento al tiro dell'anno 1979

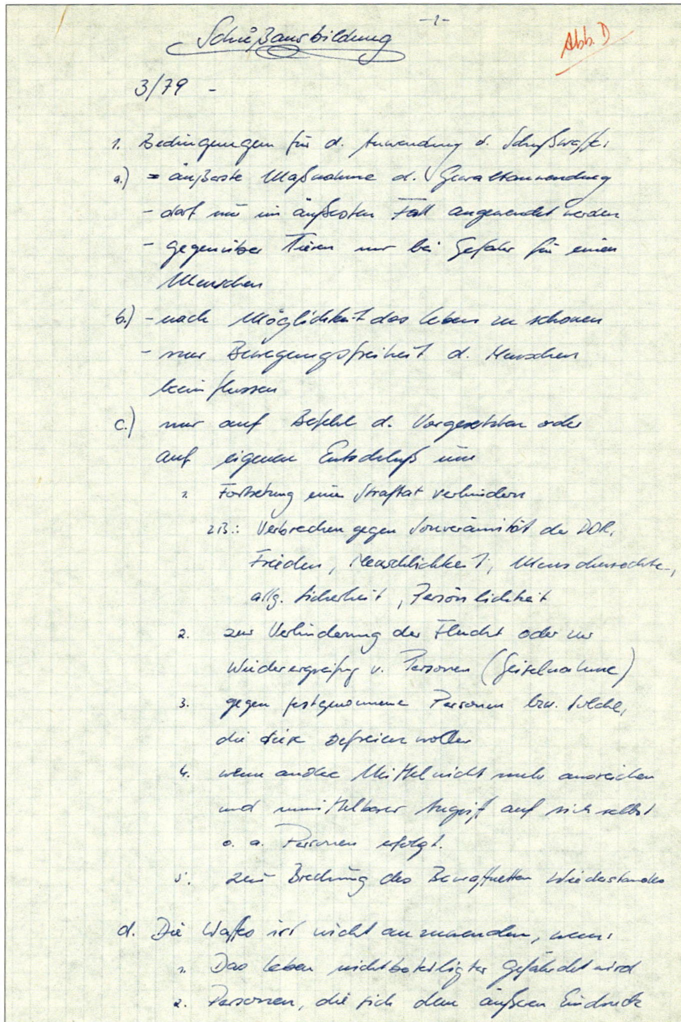

-1-

Schießausbildung

Abb. D

3/79 -

1. Bedingungen für d. Anwendung d. Schußwaffe:

a.) = äußerste Maßnahme d. Gewaltanwendung

- darf nur im äußersten Fall angewendet werden

- gegenüber Tieren nur bei Gefahr für einen Menschen

b.) - nach Möglichkeit das Leben zu schonen

- nur Bewegungsfreiheit d. Menschen kein [illegible]

c.) nur auf Befehl d. Vorgesetzten oder auf eigenen Entschluß um

1. Fortsetzung einer Straftat verhindern

z.B.: Verbrechen gegen Souveränität der DDR, Frieden, Menschlichkeit, Menschenrechte, allg. Sicherheit, Persönlichkeit

2. zur Verhinderung der Flucht oder zur Wiederergreifung v. Personen (Geiselnahme)

3. gegen festgenommene Personen bzw. solche, die diese befreien wollen

4. wenn andere Mittel nicht mehr ausreichen und unmittelbarer Angriff auf sich selbst o. a. Personen erfolgt.

5. zur Brechung des bewaffneten Widerstandes

d. Die Waffe ist nicht anzuwenden, wenn:

1. Das Leben nichtbeteiligter gefährdet wird

2. Personen, die sich dem äußeren Eindruck

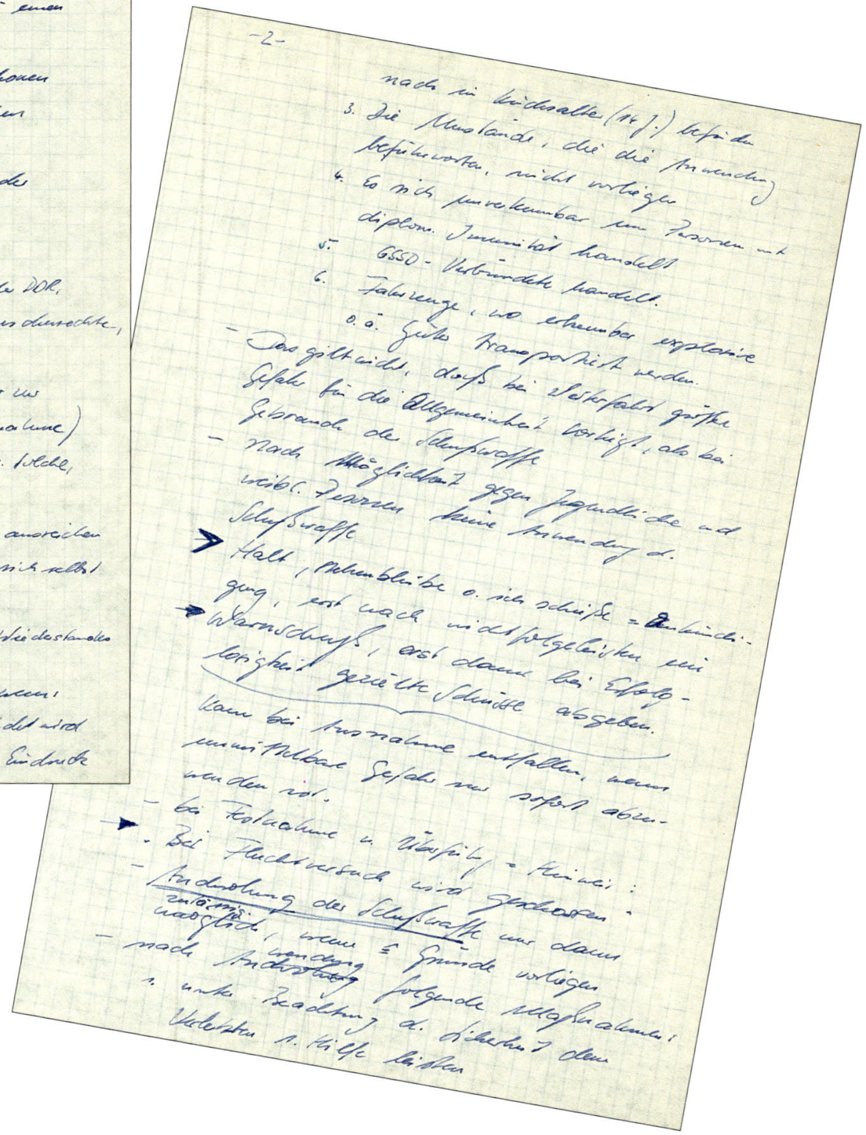

-2-

nach im Kindesalter (14 J.) befinden

3. Die Ausländer, die die Anwendung befürworten, nicht vorliegen

4. Es sich unverkennbar um Personen mit diplom. Immunität handelt

5. GSSD - Verbündete handelt.

6. Fahrzeuge, wo erkennbar explosive o. ä. Güter transportiert werden.

- Das gilt nicht, daß bei Weiterfahrt größere Gefahr für die Allgemeinheit vorliegt, als bei Gebrauch der Schußwaffe

- nach Möglichkeit gegen Jugendliche und weibl. Personen keine Anwendung d. Schußwaffe

➤ Halt, stehenbleiben o. ich schieße = Anrufung, erst nach nichtbefolgeleisten ein

➤ Warnschuß, erst dann bei Erfolglosigkeit gezielte Schüsse abgeben.

kann bei Ausnahme entfallen, wenn unmittelbare Gefahr nur sofort abzuwenden ist.

- bei Festnahme u. Überfall = Hinweis:

➤ - Bei Fluchtversuch wird geschossen.

- Androhung der Schußwaffe nur dann zulässig möglich, wenn ≡ Gründe vorliegen

- nach Androhung Anwendung folgende Maßnahmen:

1. unter Beachtung d. Sicherheit dem Verletzten 1. Hilfe leisten

3-

1. Sobald äußere Umstände ≙, ärztliche Hilfe veranlassen

2. Die getöteten Personen, liegen lassen, Lageort u. Umgebung ist zu sichern

3. Anwendung ist unverzüglich dem Vorgesetzten zu melden; die Öffentlichkeit durch VP informieren

4. Anwendung = Spitzenmeldepflichtig und ≙ der Disziplinarordnung der ZV zu untersuchen

5. Bei unrechtmäßige Handhabung wird strafrechtlich geahndet.

§ 17 StGB - <u>Notwehr</u>
- Notwehr im Interesse der Gesellschaft
- muß abgeschätzt werden
- bei Überschreitung der Notwehr

§ 18 StGB <u>Notstand</u>

§ 19 StGB - <u>Nötigungsstand</u>

<u>Pistole - Makarow</u>:
- Selbstladewaffe, automatischer Nachladen - Rückstoß
günstigste Schußentfernung: bis 30 M
9 mm Kaliber
730 g mit 8 Patronen

Hauptteil: 1. Griffstück mit Lauf u. Abzugsbügel
2. Verschluß
3. Schließfeder
4. Abzugs- und Schlageinrichtung

5. Griffschale
6. Verschlußfangstück
7. Magazin (2 Stk.)

<u>Schießtechnik:</u>

<u>1. Anschlagshaltung:</u>
<u>Grundanschläge:</u> a.) stehend
b.) kniend
c.) liegend

Atem anhalten beim Schuß

<u>Zielen:</u>
gestrichen Korn

<u>Die Abzugsbetätigung:</u>
nur mit vorderste Fingerkuppe

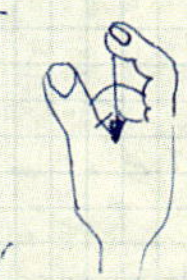

<u>Abgabe:</u>
1. jede Waffe als geladen betrachten!
- Magazin aus Waffe
- Patronenlager frei sein
→ Waffe mit Sicherheitshebel entspannen!
2. nie auf Menschen richten!
3. Waffe in Schußrichtung halten!
4. Entladen nur auf Befehl und Ausführen melden! (Magazin einführen)
5. Ladehemmungen ohne Gewalt!
6. Waffe nur auf Befehl d. Vorgesetzten übergeben und die dazu Festlegungen einhalten!
- nur im entladenen u. gesicherten Zustand übergeben!

Hundelaufanlage am Eisenbahnübergang Staaken, April 1982
Dog run on the Staaken railroad crossing, April 1982
Zone gardée par les chiens à la frontière ferroviaire de Staaken, avril 1982
Zona sorvegliata dai cani, valico ferroviario a Staaken, aprile 1982

Wachablösung in der Treptower Straße, 1982
Changing of the guards on Treptower Strasse, 1982
Relève de la garde dans la Treptower Straße, 1982
Cambio di guardia nella Treptower Straße, 1982

Grenzposten macht Meldung, Treptower Straße, 1982
Border guard making a report, Treptower Strasse, 1982
Garde-frontière au rapport, Treptower Straße, 1982
Guardia confinaria fa rapporto, Treptower Straße, 1982

Aufmarsch zur Wachablösung, Grenzübergang Heinrich-Heine-Straße
Arrival of replacement guards, Heinrich-Heine-Strasse border crossing
Rassemblement pour la relève, poste-frontière Heinrich-Heine-Straße
In marcia per il cambio di guardia, valico Heinrich-Heine-Straße

Kaffeepause im Wachturm, Boyenstraße, Juni 1982

Coffee break in the watchtower, Boyenstrasse, June 1982

Pause-café dans le mirador, Boyenstraße, juin 1982

Pausa per il caffè nella torre di guardia, Boyenstraße, giugno 1982

Schichtende für den Doppelposten, Am Waldrand, Neubabelsberg, 1983
End of work shift for two guards, Am Waldrand, Neubabelsberg, 1983
Fin de service pour les deux gardes, Am Waldrand, Neubabelsberg, 1983
Turno per doppie postazioni, Am Waldrand, Neubabelsberg, 1983

Grenzkontrollgebäude, Heerstraße, August 1990
Border control building, Heerstrasse, August 1990
Bureaux de la douane à la frontière Heerstraße, août 1990
Fabbricato per il controllo di confine, Heerstraße, agosto 1990

Grenzposten, Bernauer Straße, Ecke Oderberger Straße, April 1982
Border guards, Bernauer Strasse, corner of Oderberger Strasse, April 1982
Gardes- frontière, Bernauer Straße à l'angle de l'Oderberger Straße, avril 1982
Guardie confinarie, Bernauer Straße angolo Oderberger Straße, aprile 1982

Leben an der Mauer – im Osten
Living with the Wall – in the East
La vie près du Mur – à l'Est
La vita vicino al Muro – nell' Est

Staatsbeflaggung in der Eberswalder Straße, April 1982
Flying the state flag on Eberswalder Strasse, April 1982
Pavoisement officiel dans la Eberswalder Straße, avril 1982
Imbandierata di Stato nella Eberswalder Straße, aprile 1982

»Herbstidylle«, Glienicke-Nordbahn / Hermsdorf, November 1989
“Idyllic autumn,” Glienicke-Nordbahn / Hermsdorf, November 1989
«Idylle en automne», Glienicke-Nordbahn / Hermsdorf, novembre 1989
«Idillio d’autunno», Glienicke-Nordbahn / Hermsdorf, novembre 1989

Wachturm am Regierungskrankenhaus, Boyenstraße, 1982

Watchtower at the government hospital, Boyenstrasse, 1982

Mirador devant la clinique du gouvernement, Boysenstraße, 1982

Torre di vedetta nell'ospedale governativo, Boyenstraße, 1982

Spielen im Grenzgebiet, Stubenrauchstraße, Babelsberg, 1982

Playing in the border territory, Stubenrauchstrasse, Babelsberg, 1982

Jouer près de la frontière, Stubenrauchstraße, Babelsberg, 1982

Giochi in zona di confine, Stubenrauchstraße, Babelsberg, 1982

Trister »Kinderspielplatz«, Stubenrauchstraße, Babelsberg, 1982
Dismal “playground,” Stubenrauchstrasse, Babelsberg, 1982
Morne aire de jeux, Stubenrauchstraße, Babelsberg, 1982
Triste «parco giochi», Stubenrauchstraße, Babelsberg, 1982

Todesstreifen mit Fakirbett und Hundelaufanlage, Harzer Straße, 1982
Death strip with bed of nails and dog run, Harzer Strasse, 1982
Zone de la mort avec herses et unité de chiens de garde, Harzer Straße, 1982
Letto da fachiro e cani nella zona della morte, Harzer Straße, 1982

Wohnen mit Ausblick auf den Todesstreifen, April 1982
Apartment with a view of the death strip, April 1982
Appartement avec vue sur la zone de la mort, avril 1982
Vivere con la vista sulla zona della morte, aprile 1982

Haus im Grenzgebiet, Harzer Straße, Juni 1982
Building within border territory, Harzer Strasse, June 1982
Maison dans la zone-frontière, Harzer Straße, juin 1982
Edificio nella zona di confine, Harzer Straße, giugno 1982

Fenster zum Niemandsland, Bernauer Straße, August 1990

Window to no man’s land, Bernauer Strasse, August 1990

Fenêtre sur le no man's land, Bernauer Straße, août 1990

Finestre sulla terra di nessuno, Bernauer Straße, agosto 1990

Grenzschild an der Wannseestraße, Neubabelsberg, Juni 1983
Border sign at Wannseestrasse, Neubabelsberg, June 1983
Panneau de frontière près de la Wannseestraße, Neubabelsberg, juin 1983
Targa di confine alla Wannseestraße, Neubabelsberg, giugno 1983

Wannseestraße, Neubabelsberg, Mai 1985
Wannseestrasse, Neubabelsberg, May 1985
Wannseestraße, Neubabelsberg, mai 1985
Wannseestraße, Neubabelsberg, maggio 1985

Versöhnungskirche drei Jahre vor der Sprengung, Bernauer Straße, 1982

Reconciliation Church three years before its demolition, Bernauer Strasse, 1982

Église de la Réconciliation trois ans avant sa destruction, Bernauer Straße, 1982

Chiesa d. Conciliazione prima della demolizione, Bernauer Straße, 1982

Grenzgebiet »Entenschnabel«, Mai 1985
Border territory, “Entenschnabel,” May 1985
Zone-frontière «Entenschnabel» («Bec de canard»), mai 1985
Zona di confine detta «becco d’anatra», maggio 1985

»Schrebergartenidylle«, Hohen Neuendorf, April 1982
“Idyllic” garden colony, Hohen Neuendorf, April 1982
«Idylle des jardins familiaux», Hohen Neuendorf, avril 1982
«Idillio negli orti», Hohen Neuendorf, aprile 1982

Balkone zum Todesstreifen, Lohmühlenplatz, Januar 1982
Balconies facing the death strip, Lohmühlenplatz, January 1982
Balcons avec vue sur la zone de la mort, Lohmühlenplatz, janvier 1982
Balcone sulla zona della morte, Lohmühlenplatz, gennaio 1982

Gartenarbeit im Schatten der Mauer, Hohen Neuendorf, Oktober 1982
Garden work in the shadow of the Wall, Hohen Neuendorf, October 1982
Jardinage à l'ombre du Mur, Hohen Neuendorf, octobre 1982
Giardinaggio presso il muro, Hohen Neuendorf, ottobre 1982

Haus an der Mauer, Oderberger Straße, April 1982
Building at the Wall, Oderberger Strasse, April 1982
Maison près du Mur, Oderberger Straße, avril 1982
Edificio a ridosso del muro, Oderberger Straße, aprile 1982

Leben an der Mauer – im Westen
Living with the Wall – in the West
La vie près du Mur – à l’Ouest
La vita vicino al Muro – nell’ Ovest

Alltag im »Entenschnabel«, Am Sandkrug, August 1990
Daily life in "Entenschnabel," Am Sandkrug, August 1990
Vie quotidienne dans le «Entenschnabel», Am Sandkrug, août 1990
Vita quotidiana al «becco d'anatra», Am Sandkrug, agosto 1990

Aussichtsplattform am Grenzübergang Friedrichstraße, Januar 1986
Viewing platform at the Friedrichstrasse border crossing, January 1986
Plate-forme panoramique au poste-frontière Friedrichstraße, janvier 1986
Piattaforma panoramica al valico della Friedrichstraße, gennaio 1986

Demonstration am Grenzübergang Friedrichstraße, Januar 1986
Demonstration at the Friedrichstrasse border crossing, January 1986
Manifestation près du poste-frontière Friedrichstraße, janvier 1986
Manifestazione al valico della Friedrichstraße, gennaio 1986

Mahnmal für Maueropfer Ida Siekmann, Bernauer Straße

Memorial for Wall victim Ida Siekmann, Bernauer Strasse

A la mémoire d'Ida Siekmann, victime du Mur, Bernauer Straße

Commemorazione a Ida Siekmann vittima del Muro, Bernauer Straße

Gedenkkreuz für Maueropfer Bernd Lünser, Bernauer Straße, Juni 1983
Memorial cross for Wall victim Bernd Lünser, Bernauer Strasse, June 1983
Croix à la mémoire de Bernd Lünser, victime du Mur, Bernauer Straße, juin 1983
Croce in memoria di Bernd Lünser, vittima del Muro, Bernauer Straße, giugno 1983

Brandenburger Tor mit Mauer im Vordergrund
Brandenburg Gate with the Wall in front
Porte de Brandebourg et Mur au premier plan
Porta di Brandeburgo con il Muro in primo piano

Ehemals bebaute Bernauer Straße mit Todesstreifen
Death strip at Bernauer Strasse after buildings were torn down
Jadis bordée d'immeubles, la Bernauer Straße et la zone de la mort
Edifici e zona della morte nella già Bernauer Straße

Aussichtsplattform am Potsdamer Platz, Mai 1984
Visiting platform at Potsdamer Platz, May 1984
Plate-forme panoramique sur la Potsdamer Platz, mai 1984
Piattaforma panoramica alla Potsdamer Platz, maggio 1984

Besucher werfen einen Blick in die Grenzanlagen, Juni 1983
Visitors looking at the border grounds, June 1983
Touristes regardant le système des frontières, juin 1983
Uno sguardo dei visitatori sull'impianto di confine, giugno 1983

Informationstafel am Potsdamer Platz, Mai 1984
Information panel at Potsdamer Platz, May 1984
Panneau d'information situé Potsdamer Platz, mai 1984
Bacheca informativa alla Potsdamer Platz, maggio 1984

»Sommeridylle«, Nähe »Entenschnabel«, August 1990
“Summer idyll,” near “Entenschnabel,” August 1990
«Idylle en été» près du «Entenschnabel», août 1990
«Idillio estivo», vicino al «becco d’anatra», agosto 1990

Baumaßnahmen an der Mauer, Kopenhagener Straße, Juni 1986
Construction on the Wall, Kopenhagener Strasse, June 1986
Travaux sur le Mur, Kopenhagener Straße, juin 1986
Provvedimenti edili al Muro, Kopenhagener Straße, giugno 1986

Ehemaliges Grenzgebiet: der Potsdamer Platz, August 1990
Former border territory: Potsdamer Platz, August 1990
Ancien zone-frontière: la Potsdamer Platz, août 1990
Ex zona di confine: la Potsdamer Platz, agosto 1990

Bernauer Straße, 1979
Bernauer Strasse, 1979
Bernauer Straße, 1979
Bernauer Straße, 1979

Fahrzeugsperren und Todesstreifen, Potsdamer Platz, Mai 1984
Anti-vehicle obstacles and death strip, Potsdamer Platz, May 1984
Barrières anti-véhicules et zone de la mort, Potsdamer Platz, mai 1984
Sbarramento antiveicolo e zona della morte, Potsdamer Platz, maggio 1984

Zerfall der Mauer
The Disintegration of the Wall
L'effondrement du Mur
Caduta del Muro

Erste Kontaktversuche in der Ebertstraße
First contact at Ebertstrasse
Premiers contacts dans la Ebertstraße
Primi tentativi di contatto nella Ebertstraße

Neue Wege in Steinstücken, 1990

New pathways in Steinstücken, 1990

Nouvelles voies à Steinstücken, 1990

Nuovi valichi a Steinstücken, 1990

Erste Begegnungen in Steinstücken, 1990
First contact, Steinstücken, 1990
Premières rencontres, Steinstücken, 1990
Primo incontro, Steinstücken, 1990

Stahlrückgewinnung aus Teilen der Mauer der letzten Ausbaustufe
Steel recovery from pieces of the Wall of the last expansion stage
Récupération de l'acier du Mur de la dernière modification
Recupero del ferro da parti dell' ultimo ampliamento del Muro

Entfernung der Mauerkrone aus Asbestzement, Bernauer Straße, 1990
Removing the asbestos cement wall coping, Bernauer Strasse, 1990
Démontage de la couronne en amiante-ciment du Mur, Bernauer Straße, 1990
Rimozione del coronamento di cemento-amianto, Bernauer Straße, 1990

West-Berliner Polizisten treffen auf Ost-Berliner Grenzoffiziere, 1990
West Berlin policemen meet East Berlin border officers, 1990
Rencontre: policiers de l'Ouest et officiers des frontières de l'Est, 1990
Incontro fra polizia di Berlino ovest e ufficiali di Berlino est, 1990

Verkauf von Mauerstücken, Februar 1990
Pieces of the Wall for sale, February 1990
Vente de morceaux du Mur, février 1990
Vendita dei pezzi del Muro, febbraio 1990

Reste des Kfz-Sperrgrabens an der Oranienburger Chaussee
Remains of the anti-vehicle ditch on Oranienburger Chaussee
Vestiges du fossé anti-véhicules dans l'Oranienburger Chaussee
Resti del fossato per blocco autoveicoli, Oranienburger Chaussee

»Original Berliner Mauer«, September 1991
“Original Berlin Wall,” September 1991
«Original Berlin Wall», modèle, septembre 1991
«Muro berlinese originale», settembre 1991

»Mauerspechte« in der Zimmerstraße, Februar 1990
“Wall peckers” on Zimmerstrasse, February 1990
Les «pics du Mur», Zimmerstraße, février 1990
I «picchi del muro» nella Zimmerstraße, febbraio 1990

Insignien der Macht zum Verkauf, Friedrichstraße, Februar 1990
Insignias of power for sale, Friedrichstrasse, February 1990
Insignes du pouvoir à vendre, Friedrichstraße, février 1990
Vendita delle insegne del potere, Friedrichstraße, febbraio 1990

Verkaufsstand am Brandenburger Tor, Dezember 1990

Souvenir stand at the Brandenburg Gate, December 1990

Stand à la Porte de Brandebourg, décembre 1990

Bancarella alla Porta di Brandeburgo, dicembre 1990

Bild Erich Honeckers an der Mauer, Ebertstraße, Februar 1990
Picture of Erich Honecker at the Wall, Ebertstrasse, February 1990
Portait d'Erich Honecker devant le Mur, Ebertstraße, février 1990
Foto di Erich Honecker sul Muro, Ebertstraße, febbraio 1990

Bewachte Mauerreste vor dem Brandenburger Tor, Februar 1990
Guarded remains of the Wall at the Brandenburg Gate, February 1990
Restes du Mur surveillés à la Porte de Brandebourg, février 1990
Resti di Muro sorvegliati alla Porta di Brandeburgo, febbraio 1990

Freier Blick durch das Brandenburger Tor, Dezember 1990
Clear view through the Brandenburg Gate, December 1990
Vue libre à travers la Porte de Brandebourg, décembre 1990
Vista libera attraverso la Porta di Brandeburgo, dicembre 1990

Brücke der Deutschen Einheit, Blick Richtung Potsdam, Februar 1990
Bridge of German Unity, looking towards Potsdam, February 1990
Pont de l'Unité allemande, en direction de Potsdam, février 1990
Ponte dell'Unità tedesca, in direzione Potsdam, febbraio 1990

Passkontrollen am Brandenburger Tor, Februar 1990
Passport check at the Brandenburg Gate, February 1990
Contrôle des passeports à la Porte de Brandebourg, février 1990
Controllo dei passaporti alla Porta di Brandeburgo, febbraio 1990

Bewachung von Mauerresten, Steinstücken
Guarding the remains of the Wall, Steinstücken
Vestiges du Mur sous surveillance, Steinstücken
Sorveglianza dei resti del Muro, Steinstücken

Bierausschank im Todesstreifen, Potsdam, August 1990
Beer stand on the border strip, Potsdam, August 1990
Buvette dans la zone de la mort, Potsdam, août 1990
Mescita di birra nella zona della morte, Potsdam, agosto 1990

Schlagbaum am Grenzübergang Friedrichstraße, September 1991
Barrier at the Friedrichstrasse border crossing, September 1991
Barrière au poste-frontière Friedrichstraße, septembre 1991
Sbarra al valico della Friedrichstraße, settembre 1991

Mauerteile auf einem Kinderspielplatz, Potsdam, Februar 1990
Pieces of the Wall on a playground, Potsdam, February 1990
Segments du Mur sur une aire de jeux, Potsdam, février 1990
Parti del Muro in un parco giochi, Potsdam, febbraio 1990

Der Autor
Wolfgang Petro, geboren 1944 in Forst an der Neiße, an der Grenze zu Polen, ist promovierter Mediziner. Er wuchs in der DDR und Ost-Berlin auf, wo er den Mauerbau als 17-Jähriger miterlebte. Nach dem Studium an der Humboldt-Universität erhielt er 1970 die Approbation. 1977 gelang ihm mit seiner Familie, im Kofferraum eines Wagens versteckt, die Flucht über die Transitautobahn. Zuletzt war er lange Jahre als Medizinischer Direktor einer Lungenklinik in Bad Reichenhall tätig. Petro widmet sich in Vorträgen und Buchpublikationen der Geschichte der Berliner Mauer, die er seit den 1980er Jahren bis heute mit großer Detailversessenheit fotografisch dokumentiert hat.

The Author
Wolfgang Petro, born in 1944 in Forst, located on the River Neisse and the border to Poland, holds a doctorate in medicine. He grew up in East Germany and East Berlin, where he witnessed the construction of the Wall when he was seventeen. After completing his studies at the Humboldt University, he received his license to practice medicine in 1970. In 1977 he hid with his family in the trunk of a car and was able to successfully flee over the transit highway to the West. He worked for many years as medical director of a lung clinic in Bad Reichenhall. Petro has addressed the history of the Berlin Wall both in lectures and books and has been taking photographs of this subject with an uncompromising attention to detail since the 1980s.

L'auteur
Wolfgang Petro est docteur en médecine. Il nait en 1944 à Forst-sur-la-Neisse, à la frontière polonaise et grandit en RDA et à Berlin-Est, où, âgé de 17 ans, il assiste à la construction du Mur. Après des études à l'université Humboldt de Berlin-Est, il obtient en 1970 l'autorisation d'exercer la médecine. En 1977, il parvient à s'enfuir avec sa famille, caché dans le coffre d'une voiture, en empruntant l'autoroute de transit. Pendant de longues années, il a été directeur médical d'une clinique de pneumologie à Bad Reichenhall. Conférencier et auteur, Petro se consacre à l'histoire du Mur de Berlin qu'il a photographié avec une incroyable minutie des années 80 à nos jours.

L' autore
Wolfgang Petro, nato nel 1944 in Forst sul Neiße, al confine con la Polonia, è Dottore in medicina. Cresciuto nella RDT ed a Berlino Est, all'età di 17 anni ha assistito alla costruzione del Muro. Dopo lo studio alla Humboldt-Universität, nel 1970 ha ottenuto l'abilitazione. Nel 1977, nascosto in un bagagliaio di una macchina, gli riuscì di fuggire con la sua famiglia attraverso l'autostrada di transito. Negli ultimi tempi ha svolto l'attività di direttore medico in un'ospedale di pneumologia a Bad Reichenhall. Petro si dedica con conferenze e pubblicazioni editoriali alla storia del muro di Berlino, che dagli anni '80 ad oggi ha documentato fotograficamente con grande passione per i particolari.

Kleine Fotos auf dem Umschlag, vorn (von links nach rechts): Potsdamer Platz / Stresemannstraße, Checkpoint Charlie, Grenzstreife an der Bernauer Straße / Oderberger Straße, Glienicke-Nordbahn / Hermsdorf, Grenzstreife an der Bernauer Straße; großes Foto: Todesstreifen in Frohnau; hinten (von links nach rechts): Grenzpatrouille auf der Spree, spielendes Kind in Babelsberg, Grenzstreife in der Harzer Straße, Fabrikfenster in Treptow, Wachturm in der Boyenstraße, Grenzübergang Prinzenstraße / Heinrich-Heine-Straße
Abb. Seite 4: Grenzstreife an der Heidelberger Straße, Juni 1983

Originalausgabe
1. Auflage 2010

www.jaron-verlag.de
Übersetzung: Miriamne Fields, Berlin (englisch); Françoise Hynek, Berlin (französisch); Giuliana Del Zanna, Berlin (italienisch)
Umschlaggestaltung: Atelier Kattner, Berlin, unter Verwendung von Fotos von Wolfgang Petro
Satz und Layout: Prill Partners | producing, Berlin
Lithographie: LVD GmbH, Berlin
Druck und Bindung: Offizin Andersen Nexö Leipzig GmbH, Zwenkau

ISBN 978-3-89773-637-5